My Fir
English- Haitian Creole
Illustrated Dictionary

Anne Valerie Dorsainvil

My first English-Haitian Creole Illustrated Dictionary

Author: Anne Valerie Dorsainvil
Cover design: Nathalie Jean Baptiste

For information, please contact:

Educa Vision Inc.,
7550 NW 47th Avenue,
Coconut Creek, FL 33073
Telephone: 954 968-7433.
Fax: 954 970-0330
E-mail: educa@aol.com.
Web: www.educavision.com

ISBN: 1-58432-499-6

airplane : avyon

alligator : kayiman

alphabet : alfabè

antelope : antilòp

antlers : bwa elan

apple : pòm

aquarium : akwaryòm

arch : ak

arrow : flèch

autumn : lotòn

baby : tibebe

backpack : sakado

badger : blewo

baker : boulanje

ball : boul

balloon : balon

banana : fig

barley : lòj

barrel : barik

basket : panye

bat : chòvsouri

beach : plaj

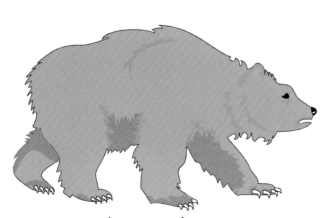

bear : lous

beaver : kastò

bed : kabann

bee : myèl

beetle : vonvon

bell : klòch

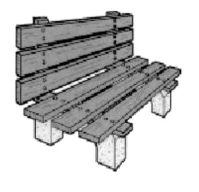

belt : sentiwon

bench : ban

bicycle : bisiklèt

binoculars : longvi

bird : zwazo

birdcage : kalòj

black : nwa

blocks : blòk

blossom : flè

blue : ble

boat : bato

bone : zo

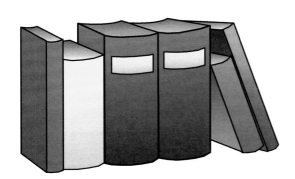

book : liv

boot : bòt

bottle : boutèy

bowl : bòl

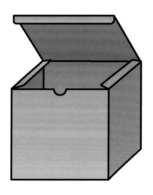

box : bwat

boy : ti gason

bracelet : braslè

branch : branch

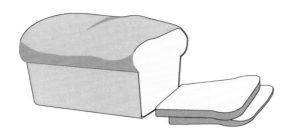

bread : pen

breakfast : dejene

bridge : pon

broom : bale

brother : frè

brown : mawon

brush : bwòs

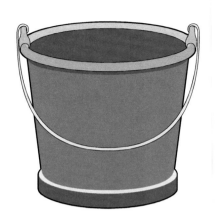

bucket : bokit

bulletin board : tablo pou afich

bumblebee : vonvon

butterfly : papiyon

cab : taksi

cabbage : chou

cactus : kaktis

café : kafe

cake; pie : gato, tat

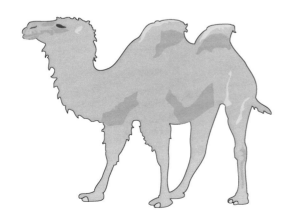

camel : chamo

camera : kamera

candle : bouji

candy : bonbon

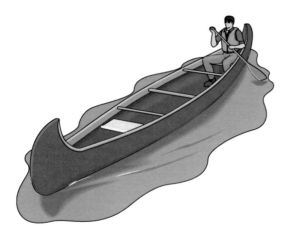

canoe : kannòt

cap : kaskèt

captain : kaptenn

car : vwati

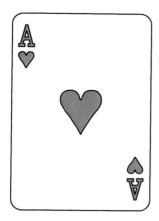

card : kat

carpet : tapi

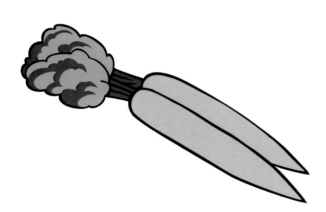

carrot : kawòt

carry (to) : pote

castle : chato

cat : chat

cave : gwòt

chair : chèz

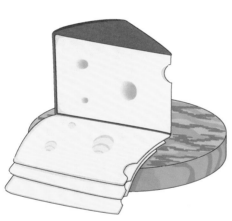

cheese : fwomaj

cherry : seriz

chimney : chemine

chocolate : chokola

christmas tree : sapen nwèl

circus : sik

climb (to) : grenpe

cloud : nyaj

clown : kloun

coach : kawòs

coat : manto

coconut : kokoye

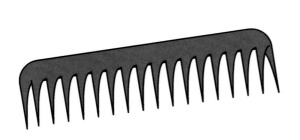

comb : peny

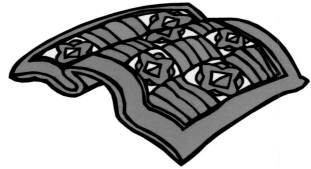

comforter : kouvreli matlase

compass : bousòl

cook (to) : kuit

Cork : lyèj

corn : mayi

cow : vach

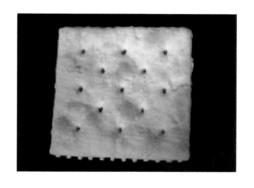

cracker : krakè

cradle : bèso

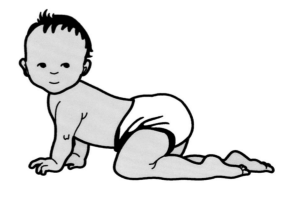

crawl (to) : rale

cross (to) : travèse

crown : kouwòn

cry (to) : kriye

cucumber : konkonm

curtain : rido

dance : danse

dandelion : pisanlit

date : dat

deer : sèf

desert : dezè

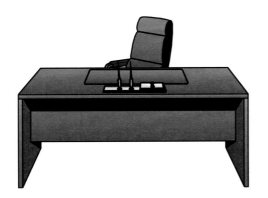

desk : biwo

dirty : sal

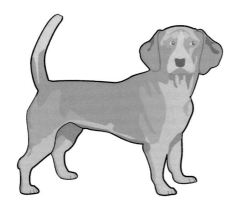

dog : chyen

doghouse : kalòj chyen

doll : poupe

dollhouse : kay poupe

dolphin : dofen

donkey : bourik

dragon : dragon

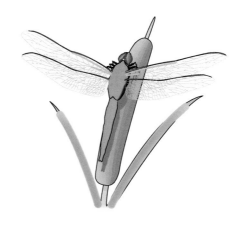

dragonfly : demwazèl

draw (to) : fè desen

dress : wòb

drink (to) : bwè

drum : tanbou

duck : kanna

eagle : èg

eat (to) : manje

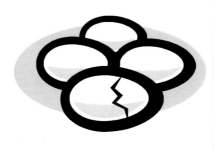

egg : ze

eggplant : berejèn

eight : uit

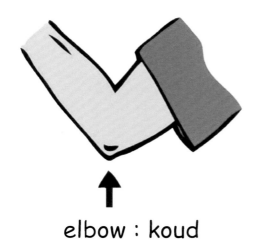

elbow : koud

elephant : elefan

empty : vid

engine : motè

envelope : anvlòp

escalator : eskalye woulan

eskimo : eskimo

explore (to) : eksplore

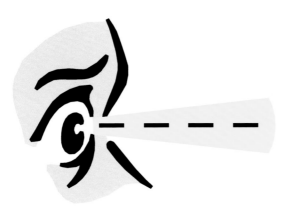

eye : zye

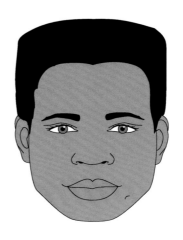

face : figi

fan : vantilatė

father : papa

fear : laperèz

feather : plim

feed (to) : nouri

fence : kloti

fern : foujè

field : teren

field mouse : sourit jaden

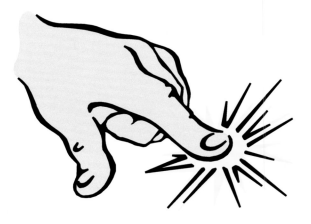

finger : dwèt

fir tree : sapen

fire : dife

fish (to) : peche

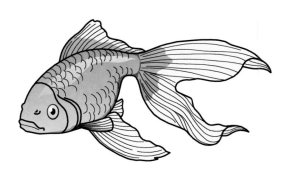

fish : pwason

fist: pwen

five: senk

flag: drapo

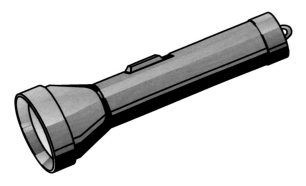

flashlight : flash

float (to): flote

flower: flè

fly (to) : vole

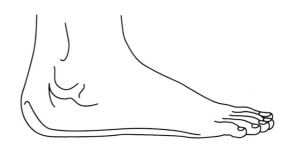

foot : pye

fork : fouchèt

fountain : fontenn

four : kat

fox : rena

frame : ankadreman

friend : zanmi

frog : krapo

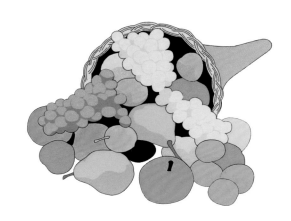

fruit : fwi

furniture : mèb

garden : jaden

gate : baryè

gather (to) : ranmase

geranium : jeranyòm

giraffe : jiraf

girl : ti fi

give (to) : bay

glass : vè

glasses : linèt

globe : glòb

glove : gan

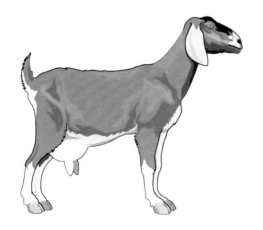

goat : kabrit

goldfish : pwason wouj

"good-bye" : "orevwa."

"good night" : "bòn nuit"

goose : zwa

grandfather: granpè

grandmother : granmè

grapes : rezen

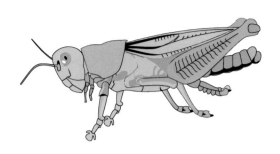

grasshopper : sotrèl

green : vèt

greenhouse : sè

guitar : gita

hammer : mato

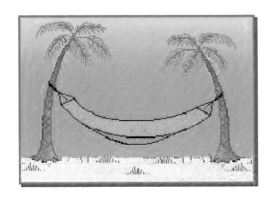

hammock : amak

hamster : hamstè

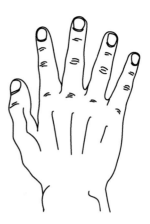

hand : men

handbag : sak-a-men

handkerchief : mouchwa

harvest : rekòt

hat : chapo

hay : pay

headdress : chapo plim

heart : kè

hedgehog : erison

hen : poul

hide (to) : kache

highway : otowout

honey : myèl

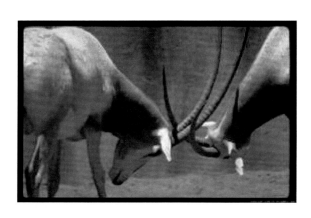

horns : kòn

horse : cheval

horseshoe : fè-a-cheval

hourglass : sabliye

house : kay

hug (to) : anbrase

hydrant : bòn fontenn

ice cream : krèm glase

ice cubes : kib glas

ice-skating : patinay sou glas

instrument : enstriman

iris : iris

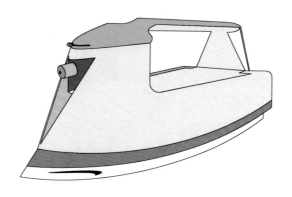

iron : fè

island : zile

jacket : jakèt

jam : konfiti

jigsaw puzzle : jwèt pasyans

jockey : joki

juggler : majorèt

jump (to) : sote

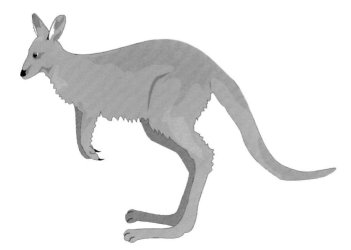

kangaroo : kangouwou

key : kle

kitten : ti poul

knife : kouto

knight : chevalye

knit (to) : tricote

knot : ne

koala bear : kowala

ladder : nechèl

ladybug : demwazèl

lamb : ti mouton

lamp : lanp

lap (to) : klapote

laughter : ri

lavender : lavann

lawn mower : tondez

leaf : fèy

leg : janm

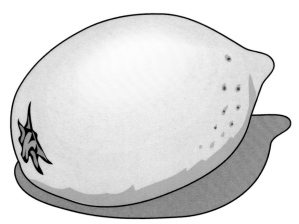

lemon : sitwon

lettuce : leti

lightbulb : anpoul

lighthouse : fa

lilac : lila

lion : lyon

listen (to) : koute

lobster : woma

lock : kadna

lovebirds : toutrèl

luggage : malèt vwayaj

lumberjack : bichwon

lunch : lench

lynx : lenks

magazine : magazin

magician : majisyen

magnet : leman

map : kat jeyografik

maple leaf : fèy erab

marketplace : mache

mask : mask

messy : an dezòd

milkman : letye

mirror : miwa

mitten : gan mitèn

money : lajan

monkey : senj

moon : lalin

mother : manman

mountain : montay

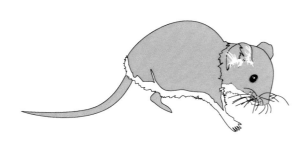

mouse : sourit

mouth : bouch

mushroom : djondjon

music : mizik

naked : touni

necklace : kolye

needle : sereng

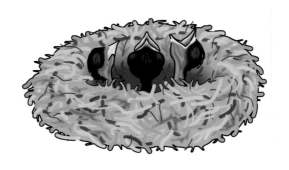

nest : nich

newspaper : jounal

nightingale : wosiyòl

nine : nèf

notebook : kaye

number : nimewo

nut : nwa

oar : ram

ocean liner : bato kwazyè

old : granmoun aje

one : yon

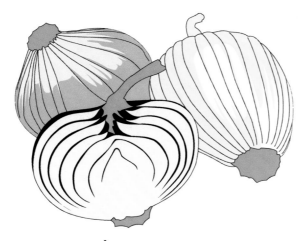

onion : zonyon

open (to) : louvri

orange : zoranj

ostrich : otrich

owl : ibou

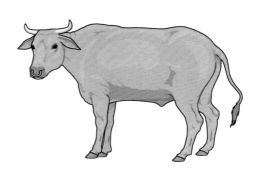

ox : towo bèf

padlock : kadna

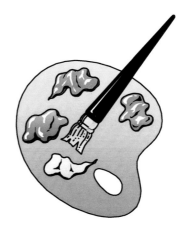

paint : douko-penti

painter : pent

pajamas : pijama

palm tree : palmye

paper : papye

parachute : parachit

park : pak

parrot : jako

passport : paspò

patch : patch

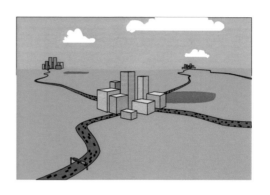

path : chemen

peach : pèch

pear : pwa (fwi)

pebble : ti wòch

peck (to) : beke

peel (to) : kale

pelican : pelikan

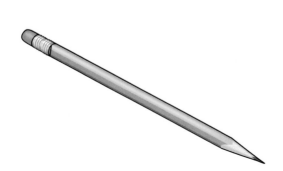

pencil : kreyon

penguin : pengwen

people : moun

piano : piyano

pickle : pikliz

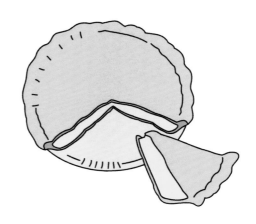

pie : tat

pig : kochon

pigeon : pijon

pillow : zòrye

pin : zepeng

pine : pen

pineapple : zannanna

pit: fòse

pitcher: krich

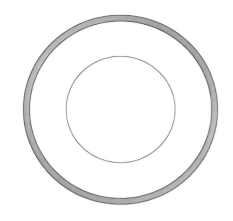

plate : asyèt

platypus : ònitorenk

play (to) : jwe

plum : prin

polar bear : lous polè

pony : ti cheval

pot : kaswòl

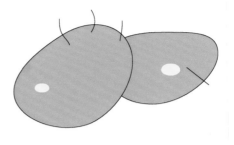

potato : pòmdetè

pour (to) : vide

present : kado

pull (to) : rale

pumpkin : joumou

puppy : ti chen

queen : rèn

rabbit : lapen

raccoon : raton lavè

racket : rakèt

radio : radyo

radish : radi

raft : rado

rain : lapli

rainbow : lakansyèl

raincoat : padsi

raspberry : franbwaz

read (to) : fè lekti

red : wouj

refrigerator : frijidè

rhinoceros : rinosewòs

ring (to) : sonnen

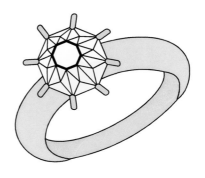

ring : bag

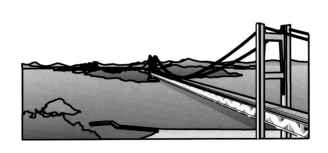

river : rivyè

road : chemen

rocket : fize

roof : do kay

rooster : kòk

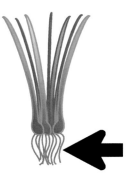

root : rasin

rope : kòd

rose : woz

row (to) : rame

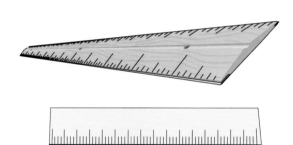

ruler : règ

run (to) : kouri

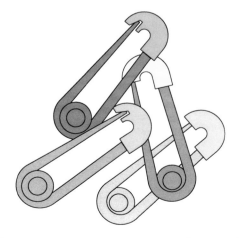

safety pin : zepeng kouchèt

sail (to) : navige

sailor : maren

salt : sèl

scarf : foula

school : lekòl

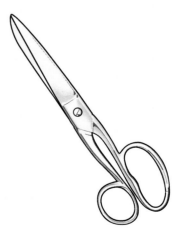

scissors : sizo

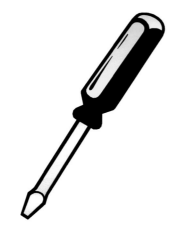

screwdriver : tounvis

seagull : mwèt

seesaw : jwèt baskil

seven : sèt

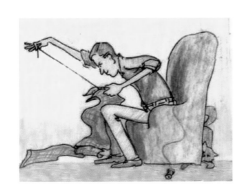

sew (to) : koud

shark : reken

sheep : mouton

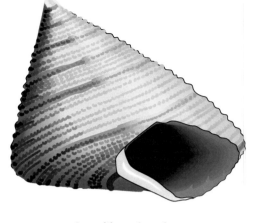

shell : kokiy

shepherd : bèje

ship : bato

shirt : chemiz

shoe : soulye

shovel : pèl

show (to) : montre

shower : douch

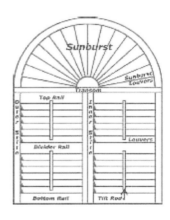

shutter : pèsyèn

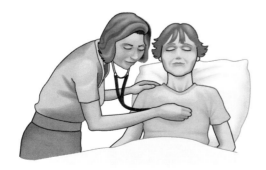

sick : malad

sieve : paswa

sing (to) : chante

sit (to) : chita

six : sis

sled : treno

sleep (to) : dòmi

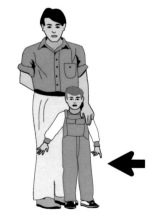

small : piti

smile : souri

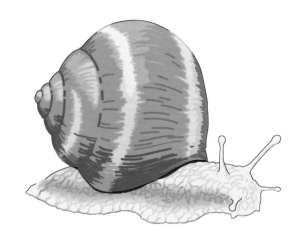

snail : kalmason

snake : koulèv

snow : lanèj

sock : chosèt

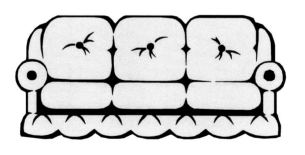

sofa : kanape, sofa

sparrow : grijyou

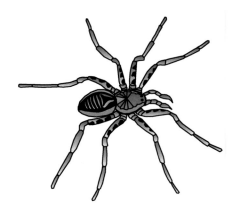

spider : zarenyen

spiderweb : twal zarenyen

spoon : kiyè

squirrel : ekirèy

stairs : eskalye

stamp : tenm

starfish : etwal-de-mè

stork : sigòy

stove : fou

strawberry : frèz

subway: tren

sugar cube : mòso sik

sun : solèy

sunflower : flè solèy

sweater : chanday

sweep (to) : bale

swing : balanswa

table : tab

teapot : teyè

teddy bear : nounous

television : televizyon

ten : dis

tent : tant

theater : teyat

thimble : de (pou koud)

think (to) : reflechi

three : twa

tie (to) : mare

tie : kravat

tiger : tig

toaster : tostè

tomato : tomat

toucan : toukan

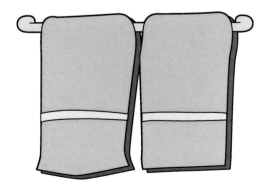

towel : sèvyèt

tower: bilding wo

toy box : bwat jwèt

tracks : ray tren

train station : estasyon tren

tray : kabare

tree : pyebwa

trough : abrevwa

truck : kamyon

trumpet : twonpèt

tulip : tilip

tunnel : tinèl

turtle : tòti

twins : marasa

two : de

umbrella : parapli

uphill : an montan

vase : vaz

veil : vwal

village : vilaj

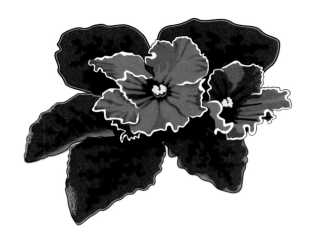

violet : vyolèt

violin : vyolon

voyage : vwayaj

waiter : gason sèvè

wake up (to) : reveye

walrus : mòs

wash (to) : lave

watch (to) : gade

watch : mont

water (to) : wouze

waterfall : kaskad

watering can : awozwa

watermelon : melon

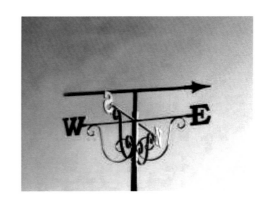

weather vane : jiwèt

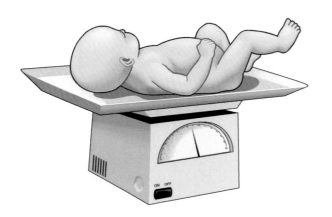

weigh (to) : peze

whale : balèn

wheel : wou

wheelbarrow : bourèt

whiskers : moustach

whisper (to) : chwichwi

whistle : siflèt

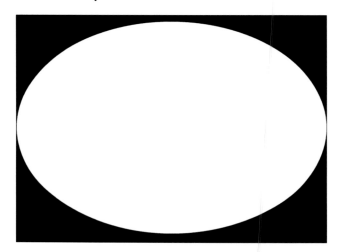

white : blan

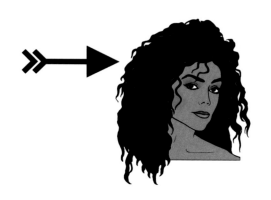

wig : perik

wind : van

window : fenèt

wings : zèl

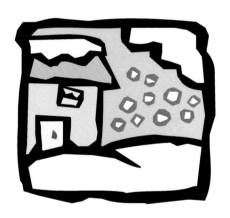

winter : livè

wolf : lou

wood : bwa

word : mo

write (to) : ekri

yarn : fil

yellow : jòn

yoyo : yoyo

zebra : zèb

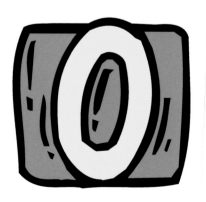

zero : zewo

Alphabet

Colors

black : nwa

blue : ble

brown : mawon

green : vèt

red : wouj

yellow : jòn

orange : jòn abriko

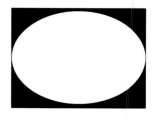

white : blan

Numbers

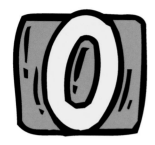

zero : zewo

one : youn

two : de

three : twa

four : kat

five : senk

six : sis

seven : sèt

eight : uit

nine : nèf

ten : dis

Shapes

circle : sèk

oval : oval

square : kare

rectangle : rektang

triangle : triyang

diamond : lozanj

My First Illustrated Dictionary Series
Set of 4 Titles
Multi-lingual illustrated series in Haitian Creole, French, Spanish and Portuguese. Paperback. 90pp each. ISBN: 1-58432-525-9 Catalog number: SP0011. **$60.00**

My First English - Portuguese Illustrated Dictionary
Louise Canuto and Anne Valérie Dorsainvil
ISBN: 978-1-58432-498-0. Paperback, 90pp. Catalog number: B488, **$16.50**

My First English - Spanish Illustrated Dictionary
Martha Arthuro Sánchez and Anne Valérie Dorsainvil
ISBN: 978-1-58432-500-0. Paperback, 90pp. Catalog number: B489, **$16.50**

My First English - French Illustrated Dictionary
Anne Valérie Dorsainvil
ISBN: 978-1-58432-501-7. Paperback 90pp. Catalog number: B487, **$16.50**

Please visit **www.educavision.com** for more selections.

Order Form

Name: _____

Address: _____

Telephone: _____

Please send the following:

Quantity	Title	Price	Sub-Total
	Tax (6% for Florida residents)		
	Shipping 10% of total (minimum $4.80)		
	Total:		

Please make check payable to Educa Vision Inc. We also accept Visa and MasterCard.

Educa Vision Inc.
7550 NW 47th Avenue, Coconut Creek, FL 33073
Tel: 954 968-7433; Fax: 954 970-0330
e-mail: educa@aol.com   website: www.educavision.com